Mues

-

Thoughts & Feelings

Elodie Madeleine KOOLE

Mues

Thoughts & Feelings

Recueil Multilingue

À toi devant ses pages.
C'est le cœur serré d'émotion et ampli de gratitude que je te présente ces quelques vers et pensées. Il y a tellement de gens que je voudrais citer et remercier. Pour la part positive ou constructive, dure, sombre ou lumineuse qu'ils ont eu sur mon parcours de vie. Certains m'ont plongé dans les recoins les plus reculés de mes cauchemars, d'autres m'ont soutenus, aidés à me relever. Certains m'ont simplement écouté parler ou pleurer d'ailleurs.

À tous ceux qui m'ont guidés.
Je me sens si chanceuse de vous avoir rencontrées et vous remercie du fond de mon petit cœur cicatrisé. Vous avez été et serez à jamais un phare qui brille dans la nuit. Et nous savons tous ici comme la nuit peut être sombre et froide.
Merci.

Aux amis.
Il y a beaucoup à dire! De ceux que j'ai rencontré vous êtes de loin les plus délurés. Je vous estime et vous saoule avec mes idées ou mes peurs assez souvent, je l'admets. Dans mes délires farfelus vous m'encouragez, me suivez ou me sortez. Joie et originalité vous m'inspirez. Il est rassurant pour moi de savoir que j'ai une magnifique poignée de personnes honnêtes sur qui compter.
Merci.

À ma famille.
Vous occupez une place spéciale, ne vous froissez pas de choses que vous découvririez ici. Il y a des combats contre soi-même que l'on ne peut que livrer seule. Je suis heureuse et fière de vous avoir comme clan et de faire partie de vos vies quotidiennement. Vous êtes, chacun à votre manière, une force de la nature. Rires et larmes, lubies et drames. Inspiration, leçon, ouverture au monde, modèle, éducation etc...
Je te dois beaucoup à toi particulièrement qui m'a donné la vie. Je ne vibrerais pas sans toi, sans vous.
Je vous aime, merci.

À toi qui a mon cœur.
Tu n'imagines pas quel impact tu as eu sur ma vie. Confiance, lumière, beauté authentique, vérité...
Quel bonheur de vivre entourée de tels dons et créativités. À toi la musique pour vivre et t'exprimer, à moi celui des mots. À nous deux c'est tout une rythmique qui nous berce. Sur cette chanson de notre imaginaire, pour la Vie notre cœur bat. Je te l'ai soufflé dans ton sommeil, je te le dis ici, sans détours et sans rougir; merci d'être entré dans ma vie et d'être celui que tu es.

I never thought I would write poetry, any type of poetry. To be honest I never even liked that kind so much. Always thought it was a complicated pretentious style with thousands of rules and codes which removed the natural beauty of thoughts and stories. Perhaps because it was a nightmare to learn and remember all the rules of that style of literature during class perhaps. Or then, because I never really understood it .

Today I've begun to realise that I simply did not know which type could touch my soul. I've now simply understood that I was never really good at staying in the line, keeping my place quietly. To play by the rules yes, but to fit a proper box, no. I was even told once that this was the reason I am dyslexic. Too stubborn to be told how to read and how to see the world. And then one day Walt Whitman and Tolkien's masterpieces were introduced to me. Their words touched my soul. The rhythm and melody of their texts touched my heart. It awoke something within me. A touch of madness or enlightenment? If only I knew.
Perhaps this is how an artistic soul manifests itself: it confronts itself with the society's box of rules, the famous ready-made, come-in-a-kit proper way of thinking as dictated by the hierarchical keepers of the temple.
If this is true it means that we all are artistic souls. All are made of a bit of something of the stars. We just don't realize it. We are

trained not to be awoken to this. We live like we walk in a giant prefabricated dream, and there is no problem with that. This is okay. It feels okay until some part of us nudges us to wake up. And when it does it hurts. It hurts a lot! Damned it hurts so badly that we only have one choice to make: continue our way of living and kill the part that is hurting or, take the pain and make something of it. And in doing so transform pain itself into light. Like Mother Nature growing back astonishingly, beautiful after a volcanic eruption. This is how I begun to write. First it was too painful to keep all of this inside. Then I realized that it felt good. I felt better. I tasted a little bit of freedom itself. And then I began to feel what I could not for a long time: hope.

To be clear I do not pretend to be as gifted as Tolkien, Whitman or Hugo. I humbly share with you a bit of my thoughts and feelings that made my story. And if someone relate to the steps of my journey please know that you are not alone and that the world feels always a little bit darker before dawn.
And so without further ado let me take you by the hand and walk you into my mind. Let tell you about flaws, shadows, light hunters and warriors. Let me present you the voices of my intuition, my doubts and the whispers of my heart.
Welcome to my world.

From my soul to yours...

S'het àles a anfàng.
Tout a un commencement.*(proverbe alsacien)*

Pour moi écrire c'est me perdre dans un tourbillon de musique dont les notes sont les mots.

L'espace d'un instant, je suis entièrement libre. Plus de devoir, plus de paraître, plus de convenance ou restrictions. La seule limite est celle de mon esprit.

D'un coup de crayon je voyage et vibre. Tantôt dans le quotidien poudré d'une courtisane, tantôt en aventurière intrépide luttant pour une noble cause.

Les mots se forment et voltigent, fougueux comme une bourrasque ou doucement comme une saison qui s'installe.

Toujours ils m'entrainent dans une danse vertigineuse aux grès des histories où se mêle une multitude de visages, de sentiments et de lieux encore inexplorés.

Ils m'appellent, me susurrent à l'oreille de courir, de voler à leur rencontre!

J'y réponds avec une étrange plaisir, fiévreuse d'une addiction aussi douce et agréable que tumultueuse et tortionnaire.

C'est une chute et en envol à la fois, un voyage où je m'enivre à chaque bouffée d'encre.

*And then ink lies on your skin or in
your hands like two loving bodies
becoming one.*

*Alors l'encre se couche sur ta peau ou
dans tes mains comme deux corps
s'entremêlent pour ne faire qu'un.*

Wandering under the Moon Light...

Have you ever ride a horse under the moon
light?
First you look right into your mount's eyes
A hole world is opening at your step
Breath.
It is up to you to take it.

The night is sweet
Your whisper mixes with the clouds
The light draws forms you never knew
It calls you
All you have to do is accept it.

Have you ever ride a horse under the moon
light?
First the slow, fresh headiness leads you
Then the breeze brushes your skin
You melt with the air
The strength is taking you away.

Let it.
Your world is so far now, all is different.
Feel.

Close your eyes
Nothing can come to you
Taste your freedom
It never lasts

Have you ever ride a horse under the moon
light?
It is like dancing into the breath of an awaken
dream
Much more enchanting than any fairy tale
Much more real than the light of a thousand
stars
Until you realize the memory is over

The world is closing
Time to fall

– Abrupt and hard is the fall.
Sudden is the silence behind it
I thought I heard a voice and yet here
alone I drop.
I am surrounded by this shadow, all I
can see is darkness.
– Natali likolo mpe na nse.
j'ai regardé le ciel et la terre. (proverbe lingala)
– Am I even able to see anymore?

Plume...

Quoi de plus léger, de plus innocent?
Elle virevolte, plane et sur mes genoux s'étend.
Elle tombe là et reste un instant
Insensible au temps, à l'Espace, défiant le Vent.

Quoi de plus léger, de plus innocent?
Ambassadrice de Métamorphoses
Ses nouveaux Présages informent,
Elle les chuchote doucement.

Duveteuse ou déjà pleine d'élan
Immaculée ou tachetée de Sang
De ses annonces l'on se réjouit ou l'on s'échappe
Priant que l'Ange ou le Démon ne nous rattrape.

Seule ou Légion,
Formant bout à bout un bras articulé puissant
capable de décoller
Tu portes avec toi une culpabilité insoupçonnée.
Quel sera le Verdict de la Pesée?

Quoi de plus léger, de plus innocent?
Par elle tu interprètes, t'échappes et Vois
Par elle tu soignes, frappes et défends.

Acérée et langoureuse, elle te consume
maintenant
Elle pleure des Textes, donne forme aux plus
Intimes Pensées,

Couchées sur les pages d'un Livre, sur les mûrs,
ou dans des carnets.
Gravées dans le marbre du plus sombre Jardin
Secret.

Que l'on cherche ou que l'on fuit,
Innocente ou trompeuse, elle oscille.
Réalité ou Mensonges, elle colporte.

Quoi de plus Sanguinaire, de plus Innocent?
N'est-elle pas les deux pleinement?
Outil affuté de mon Esprit lacéré,
Plume, tu cries sans Voix l'Imagination d'une vie
oubliée.

*Woorden van goud worden vaak
gevolgd door daden van lood.*
Les paroles d'or sont souvent suivies d'actes de plomb.
(proverbe néerlandais)

Quelle est cette chose qui coule dans mes veines?
Quelle est cette chose qui me transperce, me lacère la chair?
Quelle est cette sensation qui m'anime le cœur?
Une furie gronde, une furie crie.
Elle égorge de ses griffes le seul souffle qu'il me reste.
Et me voilà déambulant dans ma chair éviscérée.
Mon Esprit divague, s'est évadé.
Comment lui en vouloir? Son abri est ravagé.
Des cendres rougeoyantes, il ne reste que les ruines.
Où pourrais-tu demeurer?
Demeurée!
Oui, je les vois, je les entends, ces sanglots me sont familiers
Dans un silence étouffant, les membres se débâtent.
Bougeais-tu réellement?
Tais-toi me siffle-t-il sur la nuque, déterminé.
Était-ce ta nuque réellement?
Me taire? M'entend-t-on seulement?
Mon cri n'est qu'un râle que seul le Vent comprend.
Trop tard.
Quelle est cette chose qui coule dans mes veines?
Quelle est cette chose qui me transperce et me macère la chair?
Qui es-tu maintenant?
Faible! Tu n'es rien!
Ferme donc les yeux et apprécie le moment!
Sens un fragment de ton âme disparaître.

Perçois-tu au milieu de ces tremblements ton
Etre s'effondrer?
Écoutes-toi agoniser dans les gémissements
silencieux de tes guenilles.
Quelle est cette chose qui coule dans mes
veines?
Quelle est cette chose qui brûle et piétine ma
chair?
Le grondement n'est que les battements de mon
cœur.
Les derniers? Peut-être
Ami rescapé cherchant à se réfugier.
Je le sens frapper ma poitrine, mes jambes, mon
ventre, ma nuque, mes poignets.
Cherches-tu à rejoindre mon Esprit sous les
cendres, toi aussi?
Esprit, et toi où es-tu? Je ne te devine plus.
Tu es loin je le sais, tu t'es détourné tout au
dessus.
Pourquoi? Fourbe!
Es-tu donc si sensible à le ruine, à mon monde
embrasé?
Reviens! Assiste aux ravages assoiffés, à la rage
destructrice.
Coups de Lames, égorgements à vif
Sois le témoin de mon éviscération
Lacère-moi de ta présence, contemple
l'équarrissage de ta demeure.
Assiste avec moi à la lubrique perversion qui
déchiquette, asservit et se délecte de mes
lambeaux cadavériques.
Quoi! Tu refuses encore?! N'as-tu rien saisi?
Ici, plus rien ne t'appartient.
Tu n'es que le martyr risible de la déchéance de
ton foyer.

Viande! Charogne!
Ha! Ton abri brûle et s'écroule.
Il s'effondre entends-tu? Où fuiras-tu cette fois?
Demeurée!
Ce n'est que dans ta tête, ne l'oublie pas.
Écoute plutôt les témoins aveugles, aux oreilles
sourdes confies-toi.
Demeurée!
Pourquoi parler d'un ouragan si nous cherchons
un ciel immaculé?!
Pathétique Paria! Comment oses-tu voiler notre
ciel innocent?
Quelle est cette chose qui coule dans mes
veines?
Quelle est cette chose que l'on nomme ma chair?
Quelle est cette chose que l'on nomme
sentiment?
Des tambours grondent sous les ruines
fumantes.
Le cris, les gémissements parlent au Vent qui
seul les comprend.
Ami compatissant, il caresse de loin les os
écrasés, les membres étouffés.
Bienveillant, il fait écho en une complainte
vagabonde à leur sursauts de trépas.
Corps démembré, impure et déchiqueté,
Les plaies boursoufflées de tes rocs dégoulinent.
Cascades de larmes fantômes d'une terre aride,
stérile et interdite.
Est-ce là le glas? La fin tant attendue.
Hélas, les tambours grondent enfouis sous les
décombres.
Ils menacent, battent et cognent et chaque
tressaillement rouvre une plaie.
Quelle est cette chose qui parcourt mes veines?

Quelle Est-ce rythme qui anime ma chair?
Quelle est cette rage qui assaille mon cœur?
Révolte.
L'éclaire, enfin, dans ce ciel de ténèbres!
Brise! Hurle! Souffre, mais vis!
Esprit reviens! Regarde la lutte, regarde cette guerre!
La braise se mue, quelle est sont allégeance?
Le feu ne détruit plus seulement, il nourrit aussi.
Alors?!
Viens et prends ta revanche! Et puisque tu n'es plus, deviens!
Embrase ton enveloppe, électrocute, choque et vis!
Deviens comme le Vent, ton ami, pourfends, pousse et reprends!
Étouffe ces serpents de tes mains nues
Elles sont à toi, te souviens-tu?
Écris-le aux sourds, clame-le aux aveugles!
Ce Vent n'est pas ce qu'il prétend.
Il est ton bouclier, ton âme, ta plume, ta voix.
Laisse ces ruines se dérober sous les pieds que tu ne reconnais plus.
Le tumulte ne te touche pas, ce n'est qu'une illusion, ultime tentative de mort, pleine de désarrois.
Lève la tête, l'ouragan est passé il y a longtemps déjà.
Ne meurs pas avec ces lambeaux de chairs, tu es plus que cela.
La lave écoulée a séchée aujourd'hui, ne le vois-tu pas?
Coupe ce que tu traines, taille, aiguise, ne camoufle pas

Jette ce que tu portes à grand-peine, ce fardeau
n'est pas à toi.
Laisse doutes et sarcasmes à ceux et celles qui
n'entendent ni ne voient.
Peu importe la chose qui coule dans mes veines
Peu importe ce qui brûla ma chair autrefois.
Une part d'ombre des profondeurs des mystères
d'un être recomposé
Dont l'Esprit égaré l'attendait, en fait, de l'autre
côté.

kolela ya mbisi na kati ya mayi
emonanaka te.
Les larmes du poisson qui pleure dans l'eau ne se voient
pas.(proverbe Lingala)

Mon Amour, ô mon Amour,

Toi qui a décidé d'étouffer ton cœur aimant et a arraché le mien

Ne sais-tu pas que chaque cellule porte encore en elle son battement?

Tu me laisses, m'abandonnes, me brises et me crèves

Charmant voleur du moindre souffle qui est en moi

Comprends-tu que c'est avec une partie de moi que tu t'en vas?

Jamais plus je ne pourrai être entière à nouveau

Mon cœur, mon âme, mon corps mutilé

À jamais t'accompagnent, mon amour, voleur qui les as arraché.

Souffrance délecte-toi de ces lambeaux déchiquetées car désormais c'est tout ce dont je suis constituée.

Nùmme d'tote fisch schwimme met'm strom.

Seuls les poissons morts nagent avec le courant. (proverbe alsacien)

Ici.
Ici je suis assise
Le cœur battant, je regarde.
Ici je suis assise
Le vent dans les cheveux.
L'air est doux tout comme la brise

Doucement je ferme les yeux.
Plus aucun son plus aucun bruit
L'eau coule silencieuse
Salant mes yeux, salant mes joues

Ici toute seule je suis assise
Au bout de la roche, ici tout au bout.
Les vagues viennent frapper à mes pieds le sol
qui gronde
La mer est sombre et profonde comme un miroir
Furieuse et agitée sous la coupe du vent

Soudain je sens que tout se confond.
Le jour est sombre
Cette eau glacée me brûle, m'emprisonne!
Je fonds.

Tout n'est que méandres secousses et bruits !
Mon cœur s'arrête tout est fini
Impossible de m'enfuir, je crie, je tombe
Et parmi les hurlements le mien s'effondre

C'est là que me perçant telles de lames acérées,
ces yeux, ce regard vient m'observer
Je le sens sur moi, je le sens partout
Observant sans relâche, sans pitié aucune ma
chute dans ces remouds

Il me berce, me calme m'entraîne au loin
Me chuchote à l'oreille «tu m'appartiens»
Saisie par cette vérité illusoire j'abandonne et
souris

Quelle sensation!
Vers la surface je glisse ou serait-ce vers le
fond?

L'air à nouveau, fini le bruit.
Ici je suis assise, le cœur battant
L'aube enfin arrive, sous l'eau j'ouvre les yeux
doucement.

*Nzete ata ewumeli na mayi
ekobongwana ngando te.*
*Un tronc d'arbre a beau rester dans l'eau, il ne deviendra
jamais crocodile. (proverbe Lingala)*

Les lignes que tu dessines te hanteront.
Ne te laissant aucun répit aussi loin que tu t'aventureras,
Toujours elles seront là
T'enlaçant, te poursuivant sans relâche
Te condamnant à errer, marionnette que tu es,
Trainant les stigmates de ton ancien souffle, des fouets de tes vieux maîtres, anciennes peurs et faiblesses de ta vie passée.
Tu te débattra, oui, oh oui, de toutes tes petites forces,

En vain.

Les lignes que tu dessines te hanteront.
Te susurrant à l'oreille du Soir au Matin,
Elles te berceront de leur douce torture.
Prends garde! Le gouffre profond est proche.
- Surveille tes pas, protège ta flemme.

Les lignes que tu dessines te hanteront.
Eh bien?!
Laisse ton esprit virevolter entre les cordes.
Dessine un ballet de tes pensées et regarde en laissant faire le Vent.
Vois ton souffle s'évaporer et disparaître au loin.
Dérive avec grâce dans cet Air humide et froid.

Elles te tiennent, peu importe la force du vent,

des Vagues.
Elles te maintiendront au Sol, implacables.
Eh bien?! Sois heureuse! défient-elles.

Les lignes que tu dessines te hanteront.
Te vois-tu sombrer?
Non?
Regarde encore.
Regarde la solidité de tes bourreaux sans voix
qui te fracassent les oreilles,
Te saisissent chevilles, cou et poignets.
Ressens les serrer, confiner ton cœur, ton
souffle.
Bientôt il ne restera plus rien.
Comme toi, n'est-ce pas?

Sois témoin de ta propre chute,
Regarde la lumière s'éteindre droit dans les
yeux.
- Ce sont, c'était les tiens.
Cours-y! N'est-ce pas ce qui t'appelle?
Te vois-tu sombrer maintenant?
Entends-tu?
Ha! tu tombes déjà.
Le Vent, les Vagues ont raison, ils sont plus
forts que toi.

Alors? Qu'est-ce donc?
Ouvre tes yeux!
- Non, pas ceux là.
Vois tes gardiens s'éveiller.
Ils ne serrent pas, ils soutiennent, durs et
inflexibles.
Hisse-toi dessus, danse même et vois!
Tu ne tombes pas.

Ce n'est que la ruse du Vent qui te fait tourner encore et encore,
D'une valse infernale il déforme ton horizon.
Tu es toujours là.

Les lignes que tu dessines te hanteront comme un chaperon suit son maître.
Toujours elles seront là, guettant.
Elle ne crient pas, elle murmurent.
Écoute!
Elles te content des histoires, les tiennes.
Celles d'un autre temps, révolu ou non, celles à venir.
Ferme les yeux et regarde-les s'illuminer, prendre vie.
Tu ne t'échoues point
- Nous ne le permettrons pas.

Les lignes que ton Âme dessine te suivront.
Toujours
Gardiennes de ton esprit, elles t'inspirent et puisent leurs racines au plus profond des méandres de ton Être.
Alors pourquoi se battre?
Prends une profonde inspiration, comprends cet ancrage qui te permet de rester debout et éveillée dans l'agitation et le Chaos de ce Monde.

Saisis-tu, maintenant?
- Ouvre tes yeux. Oui, ceux-là.
Regarde, regarde bien.
C'est ton reflet que tu vois.

Ebembe ya nyoka esilaka somo te.
Le cadavre du serpent reste effrayant. (proverbe lingala)

Elle est là, murmure-t-on.

   –   Vent est-ce toi?

   –   Non, c'est moi.

   –   Laissez-moi, dis-je craintive, recroquevillée.

   –   Je suis là entends-je en un souffle.

Je regarde mais ne vois pas.

   –   Derrière toi! souffle-t-elle en un murmure.

Je ne me retourne pas.

   –   Je sais qui tu prétends être.

   –   Pourquoi m'ignores-tu?

   –   Tu m'appelles depuis longtemps déjà. Me voilà.

   –   Encore un mensonge parmi tant d'autres, voilà pourquoi!

   –   Préfères-tu que je te laisse à mon frère des Ombres?

   –   Je ne ressens rien. Est-ce une menace? Ha! Dans l'ombre je suis déjà.

   –   Tu m'as sommé pourtant, et me voilà!

   –   Bien, mais trop tard! L'appel allait de pair avec ta sœur Justice, pour que tous vous voient. Barbotages, potins incessants, ragots...Tu fais la brave aujourd'hui mais où étais-tu hier? Ombre et ta rivale Colère étaient là eux. Jamais ils ne m'ont laissé seule avec Douleur, contrairement à toi et à ta présence chimérique! Tu ne dis rien?

Évidement! Allé vas! Vas, puisque mon sort t'importe! Vas puisque seule je dois porter.

   — Le fardeau n'est pas le tiens. Accepte-moi et tu n'aura plus à t'en soucier. Je ne suis pas que celle que l'on croit. Je suis Lumière ET Vérité! Mes frères Ombres , Oublis et Colère t'ont gardé, c'est vrai, mais seule moi peux te libérer. Le choix t'appartient cependant.

   — Tu viens aujourd'hui m'arracher mes compagnons. Seule je demeurerai puisque si volatile tu es. Ah! La belle affaire vraiment. Est-ce donc cela ce que l'on appelle Liberté?! Se retrouver seule dans ce monde à errer?

   — Fais le pas et ces compagnons deviendront superflu. Fardeau s'amenuisera dans ton Esprit. Solitude n'est pas Mère Liberté, mais Liberté est tout.

Je me retourne, agacée et frustrée, prête à lui serrer le cou.

C'est alors que la Lumière m'aveugle et me transperce en Tout.

Quel choc! Sous les tremblements je tombe à genoux.

Une larme, puis un torrent coule sur mes joues.

Ébranlé le désert aride s'effondre d'un coup.

Les ruines rougeoyantes s'éteignent, les cônes sont à leur tour balayés.

Je défaille sous cette puissance sous-estimée.

Oublis, Ombre et Colère me font leurs au revoir et sans regrets je leur fais mes adieux.

   — Nous nous croiserons, c'est certain, mais

à l'avenir chacun sur son chemin.
Une route se dessine sous mes pieds alors que dix autres sous Lumière se révèlent.
A ma surprise, sous les ruines , fleurs et bourgeons s'étaient faufilés Finalement de cette Troie un mystérieux Jardin s'est formé.
Une des routes appelle.
Oserai-je m'y aventurer?
Ici la vie n'attendait que la Lumière pour enfin se propager .
Pour la première fois en mille ans je sens un sourire se dessiner.
Était-ce donc cela le grand secret?
De concert, nous commençons haut et fort à clamer
Fardeau prend ton envol car de la ruine une nouvelle vie renaît.

Cycle...

Tu tombes sans bruit parmi les trombes
Suspendue dans l'immensité des Airs
Figée et immobile, seule parmi tant d'autres
Toutes te ressemblent, mais toi qui es-tu?

Tu tombes sans bruit parmi les trombes.
La décision est prise, tu entends le grondement,
le fracas.
De là où tu es, tu glisses, tu te meus déjà.

Une lumière te bouscule.
L'impulsion ça y est!
Tout s'agite et se trouble.
Il est temps;
Tu t'éloignes déjà.

Finie la masse de visages inconnus.
Tu n'es plus.
Ta route s'éloigne cahoteuse et incertaine
La lumière t'aveugle encore
Et dans les Airs tu cours et virevoltes sous le
fracas.

Une destination? Quelle importance!
En cet instant tu danses, planes et plonges
Dans un rythme infernal et tempéré.
Des visages familiers croisent ta Route.
Tu n'es plus leur semblable, mais qui es-tu
donc?

Cours!
Ton chemin est plus rapide, plus dangereux.
Les pièges se multiplient et tu passes à travers
eux.
Jusqu'où iras-tu? D'autres sont déjà arrêtés.
Ils ont trouvé leur Place, leur Quiétude
Mais toi où vas-tu?

Les Vents t'emportent et tu ne t'en soucies plus.
Qu'importe la fin puisque le Voyage est Beau.

Tu tombes sans bruit parmi les trombes.
Figée tu n'es plus, libérée tu baguenaudes
Écoute le Silence, plus de lumière, plus de
fracas.
Désormais tout est clair et dans un nouveau
courant tu vas.

Ondulant doucement dans cette Plaine
turquoise,
Ce Cycle osé et chaud
Dernière halte avant l'ultime Renouveau

E bür kann e hérr wäre, àwer e hérr
kehn bür.
Lehr ebs, no kansch ebs.
Un paysan peut devenir noble, mais un noble ne peut
devenir paysan.
Apprends et tu sauras. (proverbes alsaciens)

Thoughts and feelings, digression of my mind...

Summer is almost gone and by the window I looked. Cup of tea in my hand here I stand in front of the screen. The rain is falling beautifully. Playful it makes people run and seek a place to hide. The wind comes to play along and claims that Fall is coming. We can smell it in the air. We can feel the fresh cold on our skin, and see the hot breath coming from our mouth as a shy little cloud. I hung onto the warmth of the cup a little more. I sit safe inside from the rain, the wind and cold. I see people struggle to find a way to escape this new season between the multicoloured leaves dancing in the air. It seems like the air itself is coloured and alive. It makes me smile until the song Colour *of the Wind* pops into my mind. It fits quite well. And I clearly hear the dialogues between the princess and old lady soul coming straight from one of my favourite childhood's cartoons. *What is the right path and how can I recognize it?*

Is there even a right path? After all, this is just an idea, a point of view. Is there really such a thing? If so, how should we behave once all the masks fall down from those faces around you? Too many questions remain unanswered. Too many minds remain discomforted, too much pain in our bodies waiting for a hug that will never come. Perhaps it is better this way. Perhaps one must be conciliant.

As Mother Freedom extends it from us we still seem to fight against its chains. What a feeling it is to be a spectator of our own nightmare, or should I say life? What is life anyway but a bunch of strange and pretty paths that we have to choose? But if we do have to choose why do we end up that the way we do? Everywhere I look, anger, hunger, violence, hate is dancing around. They whisper their nasty thoughts for all to hear, on the radio, in songs or lullabies. Does fear have an end? They feed on despair. How hard it is to see hope and beauty! How sad that we are condemned to live the same game over and over. Silence is the answer to all those questions. Silence, in a world we created with no end. Always more, always more!

Civilization full of humans and yet alone we walk. We cherish the dead more often than the living. We smile but only to mask our fangs. We see sex at every corner with details we did not asked for. Full of humans shouting and yet enable to hear each other. We sell our image and prostitute our beloved Mother Nature to accommodate others and their ways. You existed once to serve us now we breath to serve you. What am I part of? Should I be like all those I observe and bend the knee? We created you to optimize our creations, but is it really the truth? The more I grow the more I wander; is this a lie we are supposed to believe? An illusion to justify the few scraps that are left over.

I am looking through the window. The

streets are almost empty now, just the rain remains. As the day is falling my thoughts go darker. I play imagining people's thoughts and history, but who I am to judge?! How can I feel so disgusted about strangers who did me no harm? Then I see my reflection on the screen. This strange woman that is supposed to be me stares right into my eyes and then it hits me. I feel that in reality I am only looking in a broken mirror that shows me the things I am too afraid to see. But as I look into my eyes, I can't escape the truth. The civilization we are part of is made from history yes but more importantly it is made from what we decide to make of it. All the flaws, all the pain, the anger that sometimes shakes us to the bone all those frustrations I see are also my own. The world is a mess and afraid of that, I am. Frustrated to share some of those flaws, scared sometimes to lose the battle of self-improvement, scared not to be able to hear my voice again as I stand in the middle of that noise. As a human being, am I part of this dark world? And if it is so filled with shadows does that mean that I am too? Are we simply doomed? What happens if we choose to nourish the light and positive things instead of the shadow? What if instead of letting one teach fear, hate and anger, we choose to pay attention to what in the world makes a simple thing shine brighter? Is it really possible to change and choose our path with our little actions when giants hold on to power?

By the window I look at the falling rain washing the city. The floor lamps are lit as the night quietly settles. I see in the corner a small family. The little girl dances in the rain laughing out loud. With her parents under an umbrella she dances as if in a ballet. How poetic, how beautiful. In a cold world where everyone is in a hurry. A small girl, encouraged by her parents, joyfully interacts with Mother Nature. I suddenly realize that life is hard and sometimes full of despair, but a simple thing can make you change your vision. A girl who dances in the rain, another who stands in front of the giants to call them out. I wonder what the common ingredient is here, the secret recipe. A silhouette moves on the screen of the window, automatically I turn. Truth again comes knocking at my door. Drinking my tea, I look at him. He is playing his music and my heart forgets all the sorrows of my digressions. I look at him as his fingers express the musical mood of his soul. Love, of course, love is what connects us all. Love for our relatives, for our Mother Nature, for her, for him, for them, for life itself. Love is the answer to all. By its manifestation we are inspired, we create, we sing, we dance, we write, we paint, play, learn, breath, feel, fight, win, lose but try again. We smile, we think, try to be better, show compassion, by it we give life, by it we are.

There is beauty everywhere if we are able to see it. Sometimes we run to hide from the rain, sometimes we only need to listen to the small whisper telling you to look and smell the magic of it. Watch the colours changing, watch the seasons changing like a breath of Mother Nature. Appreciate the heat of a cup of tea or look at the one you admire, like and love. Who knows? Maybe I will see you dancing *among the raindrops* one day, who knows perhaps you will see me.

*S'schaffe het betteri wurzle, awer
suessi frucht.
Langsam kummt au wit.*
Le travail a des racines amères, mais des fruits sucrés.
Lentement va aussi loin. (proverbes alsaciens)

Pieds nus tu virevoltes
La ligne est tendue
La neige tombe
Pieds nus tu danses
Mais la ligne est joueuse, attention!
Et le vent son complice est de concert avec Elle.
La neige et la glace malicieuse tournoient dans les rayons du soleil
Et dans un souffle la ligne, de tes yeux, disparaît.
Que vas tu faire alors?
Sombre innocente au cœur troublé.
Tu ne vois pas que tes pas son guidés par dame Naïveté.
Inconscience téméraire ou frêle vaillance !
Sur cette ligne invisible à présent tu danses,
Malgré le froid et la glace qui s'emploient à t'arrêter,
Dans tes simples voiles tu te dresses .
Les pensées et rancœurs n'existent plus,
Tu t'es échappée de leur Monde déchu.
Pieds nus tu virevoltes, danses et sautilles.
Ne vois tu pas le vide au dessous?
Vois-tu seulement à l'autre bout?
Candide bravoure, effroyable insouciance
Ton corps tout en volupté est dessiné par des voilages d'été
Sous le vent ils te forment des ailes.
Un air d'ange déchu égaré.
Vent redouble de force pour te réveiller,

Il a vu la glace et la brume te leurrer.
Mais toi, oui toi, dans la neige, dans le vent sous
la glace, au dessus du vide
tu es loin déjà.
Les flocons de neige dansent avec toi.
La mélodie de tes pas résonne comme les notes
d'un piano.
Douce et sauvage comme la profondeur des
Eaux!
Pieds nus sur la ligne, tu danses.
Enivrée de Liberté, inaliénable en cet instant tu
es.
Les mille temps de la valse se pressent.
Rien ne pourra plus jamais te cloîtrer!
Des mauvais murmures et œil tu t'es défaite
Désormais même les pieds en sang sur cette
ligne tu fêtes!
Et comme tous, l'ami Vent comprendra
Qu'il est bon de se laisser porter, hors de ses
chaînes,
Libre de ces paroles futiles qui de ton âme
sonnent le glas.
Sur la limite même ensanglantés tes pas t'y
guident.
Appelés par ton âme dont chaque flocon
transporte l'écho.
Pieds nus et gelés sur la ligne invisible malgré le
temps tu frétilles
Par chaque pas dans ta chaire s'enfonce le fil
Qu'importe! Tu es plus forte et résignée que cela
Car la traversée t'attire et dansante tu t'y rends
déjà.

*Dorne un dischel stäche sehr, falschi
zùnge noch viel meh.*
*Épines et chardons piquent fort, mais les mauvaises langues
bien plus encore. (proverbe alsacien)*

Petite nature entends-je encore aujourd'hui
écho lointain d'une autre vie bâillonnée.
Frêle, fragile et sans racines.
Tu es trop influencée par le vent, un rien
t'emporte.

Petite nature entends-je encore aujourd'hui
Ha, le fil des souvenirs se rappelle à moi
Petite nature tu étais autrefois, t'en souviens-tu?
Paroles qui blessent toujours et éveillent un
vieux désarrois

Petite nature me lance-t-on aujourd'hui
Fragile, un rien te fane, le moindre bruit
provoque un sursaut
De quoi me parle-t-on? Est-ce que l'on me
provoque?
Que désigne ces mots?

Était-ce les coups encaissés alors que les
surveillants étaient détournés?
Désigne-t-on la rapidité avec laquelle ma
conscience s'est absentée
sous les coups de douze petits pieds?
De part ces maux que les mots transformés que
mon corps s'est exprimé?
Était-ce plus tard par ma gorge obstruée où les
mots aux cordes vocales étaient ligotés?
Désigne-t-on vraiment les courbatures de

l'échine brisée?
Des insultes au visage crachées?
Vous entendez le vent, j'entends les larmes.
De la couleur d'une peau stigmatisée?
Vous voyez un visage indifférent, j'entends les craquement du cœur
D'une condition féminine abusée?
Vous demandez à justifier, j'entends fragment d'âme sous votre jugement décéder.

O rage!
Toi qui te réveille et s'étire
Colère de ces mots lancés à tord et à travers tu réponds.
Tu grondes, tremble sous cette tension.
Petite nature dit-on mais de Nature je suis.
Fragile et frêle, oui
Mais dure et sèche aussi!
De l'eau qui dort se méfie-t-on?
De celle qui boue et gronde à juger se risque-ton?
Sensible à outrance, abimée, mais enracinée
D'une montagne solide quelques pierres ne se mettent-elles pas , de temps à autre, à dégringoler?
Puisque Nature je suis et bien craignez-moi!
De la petitesse d'un battement d'aile un tsunami ne naît-il pas?

De tant de qualificatif vous m'avez affublée
A votre tour alors de trembler
Allons devant moi fuyez donc et sous mon courroux défaillez
Non pas sous les coups ni la haine, caractère dénaturé,

Mais sous les mots, intemporels et dangereux
Pas besoin de rage ni d'aigries intentions ou
pensées
La plus crue des vérité cause plus de sinistres
qu'une zone urbaine non déminée.

D'une succession de lettres peut germer une
idée
Encrée dans vos rêves et vos journées.
Jamais plus leurs échos ne vous quitteront
Toujours dans un coin de l'esprit ils
ronronneront
Vous contant en rythme ou en chanson
Petite nature et devenue Grande
N'en déplaise à certains, désormais tous en
répondront.

Uss'm salwes blüescht mach d'imm
hùnig, un de weschpel gifft.
*De la même fleur l'abeille extrait du miel et la guêpe du
poison. (proverbe alsacien)*

*Et soudain une Ombre passe projetée
par la Lumière qui danse dans tes
yeux. Elle m'enivre, lascive, le temps
d'un instant, d'une éternité. C'est donc
vrai, la Vie nous appartient; immuable
et frêle comme un négligé vaporeux
dévoilant le chaleur de l'Aube.*

A toi ma Muse mon adoré.
Tu m'enivres et m'inspires depuis des années
Tu l'ignores, je le sais.
Après tout, pourquoi s'en soucier?
Et te voilà pareil au plus ancien sentiment du
monde.
Tu t'aventures sur ma route et l'illumine tel un
astre.
Sous ta Lumière, ton être si singulier, de ta
chaleur naissent en moi les idées les plus
inspirées.
Tu entres comme un levé de soleil et laisse
derrière toi une pluie d'étoiles, mille voies
lactées.
Mes rêves et folles idées s'y prélassent en une
décadente volupté.
Ils virevoltent avec moi sous les notes dansantes
des fleurs,feuilles et autres lucioles.
Sous les effluves solaires de tes astres et devant
le complice témoin nommé Vent.
Sous la musicale pluie, douce rosée hors du
temps,
Sol ou Fa, du jardin où je danse tu as la clef.
Petite nymphe lunaire se baignant au soleil.
Peu importe l'admirable stature car c'est ton être
qui est brillant.
Peu importe les traits parfaits car c'est ton âme
qui est somptueuse, tout simplement.
A toi ma Muse, oserai-je dire mon adoré?

Toi qui fais partie de tout, qui fais partie de moi,
Saurais-je exprimer, un jour, ce que j'apprends
et vois?
Saurais-je exprimer, un jour, ce que je
comprends et comme je vibre sous le regard de
Râ?
Saurais-je un jour exprimer ce que je ressens
pour toi?

Mokili ekandaka liboso, kasi ezongaka sima te.
Le monde avance mais ne recule pas. (proverbe lingala)

The end,

... or a

joyfull beginning

Mornië utúlië Mornië alantië ,
(Darkness has come, darkness has fallen.
Les ténèbres sont venues, les ténèbres sont tombées.)
J. R. R. TOLKIEN